À l'école des petites bêtes

7 histoires pour aimer la rentrée

Nous remercions chaleureusement
les enfants de la classe de grande section
d'Énora Wenandy et Marie-Alix Lasserre,
à l'école Paul Vaillant Couturier de Bagneux.
Ils ont été les premiers lecteurs de cet album môme.

ISBN : 979-10-363-7285-8

15, bd Gabriel Péri, 92240 Malakoff - France
Dépôt légal : juin 2025
Imprimé en Europe
Loi n°49-956 du 16 juillet 1949
sur les publications destinées à la jeunesse.

Marie-Pascale Nicolas-Cocagne • Marine Gérald • Mariane Olivier
Maria Neradova

À l'école des petites bêtes

7 histoires pour aimer la rentrée

môme
Bayard Jeunesse

Sommaire

Découvre l'histoire de :

Raoul

Chab

Roussette

Jo

Mimi

Léon

Gus

L'école des taupes

Vite, papa, vite !

Ce matin, c'est la course chez la famille Taupin.
Personne n'a entendu les dix réveils sonner.
Ni papa, ni maman, ni Raoul.
Alors, à moitié endormi, chacun enfile ses habits,
fait un brin de toilette, croque une tartine
de pissenlits.

Un bisou à maman, puis vite... papa monte sur son vélo et Raoul s'accroche à son dos.
– Ding dong, pardon, pardon !
Laissez-nous passer, nous sommes pressés !
Tout à coup, Raoul hurle :
– Papa ! J'ai oublié mon pantalon !
– Oh non ! s'affole papa. Vite, retournons à la maison ! Aussitôt dit, aussitôt fait.

À la maison, Raoul enfile son pantalon.
Puis le voilà reparti avec papa sur le chemin de l'école.
– Vite, papa, je vais être en retard, gémit Raoul.
– Ne te fais pas de mouron, dit papa, nous arrivons.

Ouf ! Raoul est enfin à l'école
– Bienvenue Raoul, dit doucement la maîtresse.
Ne t'inquiète pas, la journée ne fait que commencer.
Nous allons bien nous amuser, aujourd'hui !
Nous allons réaliser des pâtés de terre, peindre
avec de la boue et faire des roulis-roulades.
Raoul est rassuré.

Il fait un gros bisou à son papa et lui dit :
– Au revoir, à ce soir.
Mais son papa ne bouge pas.
Raoul insiste : – Ça y est, tu peux y aller.
Alors, d'une petite voix, papa chuchote :
– Dis donc, ça a l'air bien ce que vous allez faire aujourd'hui…
Tu crois qu'il y a une petite place pour moi ?

Raoul soupire : – Désolé, papa, tu ne peux pas rester...
Tu es bien trop grand. Raoul pousse doucement son papa vers la sortie.

– Allez, il faut vraiment que tu partes maintenant.
Promis, ce soir, je te raconterai ma journée !
Puis, Raoul s'écrie :
– Voyons, papa, l'école, ce n'est que pour les enfants !

Découvre l'histoire de :

Chab

Raoul

Roussette

Jo

Mimi

Léon

Gus

L'école des hérissons

La bêtise de Chab

Dans la classe de madame Kipic, c'est l'heure de la peinture.
Pia plonge son pinceau dans son gobelet d'eau, doucement, délicatement, pour ne pas en mettre trop.
Puis elle le pose doucement sur la peinture bleue et frotte délicatement, pour étaler la peinture sur les poils du pinceau.
Ensuite, elle dessine la mer sur sa feuille.
Chab, lui, préfère jouer du tambour : avec son pinceau, il tape sur la table et sur le gobelet d'eau.
Ça fait – TAC TIC TIC TOC, TOC TIC TAC.

Mais soudain, sans faire exprès,
Chab renverse le gobelet… sur le dessin de Pia.

Il est embêté. Il aimerait s'excuser.

Pia est très en colère. Elle se roule
en boule et se met à piquer.
Chab veut réparer sa bêtise, mais comment ?
Il tire sur la manche de son pull et, avec,
éponge le dessin de Pia doucement,
délicatement. À force de frotter,
le bleu de la mer devient plus clair
par endroits. Chab est très gêné.
Il a peur que Pia soit encore plus fâchée.

Quand Pia se déroule et n'est plus en boule,
elle regarde son dessin et s'écrie :
– Oh, tu as fait des vagues dans la mer, c'est joli !
Chab est tellement content qu'il frotte ses piquants
contre ceux de Pia, doucement, délicatement.
Pia rit. Chez les hérissons, rien ne vaut
un câlin de piquants pour être amis !

Découvre l'histoire de :

Roussette

Raoul

Chab

Jo

Mimi

Léon

Gus

L'école des grenouilles

Une cachette pas si discrète

Pendant la récréation, maître Rainette surveille la mare de ses gros yeux globuleux. Autour de lui, les grenouillettes coassent de tous les côtés :

– Côa ! Côa ! Côa !

Flip, Flap et Flop font la course dans l'eau.
Qui nagera le plus vite ?
Roussette, elle, reste toute seule.
Elle ne sait pas quoi faire de ses quatre pattes.
Assise sur son nénuphar, elle observe ses amis.

Elle aimerait bien rire et jouer avec eux, elle aussi.
Mais dans sa tête, une petite voix lui répète :
« Môa, j'ose pôa… Et s'ils ne voulaient pas de môa ? »
Roussette est timide.
Si timide qu'elle passe du vert au rouge en un éclair.

Alors, pour ne pas se faire remarquer, elle se glisse
derrière des feuilles de lierre. Dans sa cachette,
Roussette oublie la petite voix qui lui répète :
« Môa, j'y arrive pôa... »
Avec sa longue langue, elle se met à jouer avec des petits insectes.
Hop, hop ! Elle saute de plus en plus haut.
Et soudain, plouf ! Elle plonge pour suivre une libellule
avant de s'élancer, gracieuse, dans une danse avec un papillon.

Dans la mare, le silence se fait...
Toutes les grenouilles s'arrêtent
pour admirer cet incroyable ballet.
Des petites voix s'élèvent :
– Ouâh ! Roussette,
on veut plonger avec tôa !

Côa ? Roussette ne savait pas qu'elle était observée...
Elle est toute gênée ! Mais maître Rainette lui sourit.
Alors, pour la première fois, Roussette n'écoute pas
la petite voix dans sa tête. Et, sans hésiter, elle répond :
– Côa ? Mais bien sûr, suivez-môa !

Découvre l'histoire de :

Jo

Raoul

Chab

Roussette

Mimi

Léon

Gus

L'école des lapins

Tintamarre à la cantine

À midi, à la cantine, Jo Lapin ne se sent pas très bien. Les couverts qui cognent, « cling ! », les talons qui claquent, « tap tap ! » et les conversations autour de lui font trop de bruit et lui coupent l'appétit.

Pourtant, aujourd'hui, c'est son menu favori :
mousse de carottes, gratin de carottes, gâteau de carottes.
Jo est juste pressé d'aller en récréation.
Alors, il donne son entrée à son voisin,
il cache son assiette de gratin derrière le pichet,
et glisse son dessert dans sa boîte à goûter.

À côté de lui, Sam a tout vu, mais elle fait un signe de la main pour lui promettre qu'elle ne dira rien. Jo lui demande tout bas :
– Dis, tout ce bruit, ça ne te gêne pas, toi ?
Sam ouvre de grands yeux, puis elle retire son bonnet et déroule ses longues oreilles. Elle explique :
– Excuse-moi, je ne t'entendais pas, il y a tellement de bruit ici… Pour me protéger, j'enroule mes oreilles sous mon bonnet ! Qu'est-ce que tu disais ?

Jo éclate de rire. Quelle bonne idée !
Demain, lui aussi, il apportera un bonnet.
Mais en attendant, il propose à Sam :
– Tu veux partager mon dessert ?
Sam sourit et elle dit oui. Alors Jo s'écrie :
– La cantine à midi, c'est un super endroit
pour se faire des amis.

Découvre l'histoire de :

Mimi

Raoul

Chab

Roussette

Jo

Léon

Gus

L'école des fourmis

Une sieste agitée

Chuuut, c'est l'heure de la sieste. Dans la galerie, une à une, toutes les petites fourmis se sont endormies. Toutes… sauf une. La petite Mimi. Elle a beau essayer de frotter ses six pattes pour se bercer, rien n'y fait. Dans son mini-lit, Mimi a les yeux grands ouverts. Elle s'ennuie et puis, surtout, elle a envie de faire pipi. Pourtant, avant la sieste, madame Cricri, la maîtresse, a bien demandé : – Qui a besoin d'aller aux toilettes ? Plusieurs fourmis ont levé leurs antennes en criant : « Moi ! Moi ! Moi ! » Plusieurs… mais pas Mimi.

Alors, Mimi se lève sans un bruit et se faufile
dans le noir, direction le petit coin,
tout au bout du couloir.

Mimi le sait : d'abord, elle doit remonter
la première galerie, ensuite, tourner à droite
devant la classe des petits, puis passer devant
la salle de jeux, contourner la cantine, et après…

Après ? Mimi ne sait plus trop.
Et elle commence à avoir
très envie de faire pipi.
Alors, elle continue d'avancer.
Elle va bien finir par trouver.
Vite, vite, elle doit se dépêcher !
Et quand elle arrive enfin devant
les toilettes, Mimi est très fière.

Son petit pipi fini,
elle repart dans les galeries,
direction son mini-lit.

Maintenant, elle sent
que ses six pattes
sont un peu fatiguées,
ses yeux commencent à se fermer.
Elle repasse par la cantine,
longe la salle de jeux,
file devant la classe des petits
et tourne à gauche à la première
galerie.

À peine a-t-elle posé
une patte dans son mini-lit,
que Mimi s'est déjà endormie.
Chuuut, cette fois, c'est vraiment
l'heure de la sieste.

Découvre l'histoire de :

Léon

Raoul

Chab

Roussette

Jo

Mimi

Gus

L'école des oiseaux

Le grand plongeon

Léon le petit oiseau
prend son premier cours de voltige.
Pour se rassurer,
il a apporté un doudou géant
et une photo de sa maman.
Maître Hibou explique tout.
Un à un, les copains s'envolent.
C'est au tour de Léon de se lancer !

– Allez ! lui crie une jeune oiselle.
Tu as juste à étendre tes ailes !
Mais Léon ne se sent pas prêt :
le doudou est encombrant
et il a peur d'abîmer
la photo de sa maman. Il dit :
– Aujourd'hui, je préfère regarder.
J'attends demain pour voltiger !

Soudain, un grand coup de vent
emporte la photo de sa maman.
Sans hésiter, Léon, le petit oiseau,
se jette dans le vide.
La photo tourbillonne dans le vent,
Léon cabriole en la suivant.
La photo fait un piqué,
Léon plonge pour la rattraper...
et atterrit de justesse
sur l'aile de maître Hibou !

Tout le monde applaudit :
– Bravo Léon, t'es un champion !
Léon n'en revient pas.
Il dit : – Youpi, j'ai réussi !

Demain, quand il reviendra à l'école
pour son deuxième jour de voltige,
Léon laissera, sans aucune hésitation,
le doudou et la photo à la maison.
Et il pourra s'envoler pour de bon !

Découvre l'histoire de :

Gus

Raoul

Chab

Roussette

Jo

Mimi

Léon

L'école des écureuils

Une journée bien trop courte

En arrivant à l'école ce matin,
Gus est passé directement
du dos de sa maman
à celui de la maîtresse. Hop !
Depuis, il reste bien accroché.
Pas question de la quitter !
Ce n'est pas très pratique,
mais c'est rassurant.
Et pour Gus,
c'est le plus important.

Quand la petite aiguille sera sur le quatre, son papi viendra le chercher et, à ce moment-là, il se décrochera. Voilà ! Mais en attendant, il suit la maîtresse par-ci, il la suit par-là, il la suit partout.

La maîtresse lui dit : – Allez, Gus, descends, ce sera plus amusant. Mais Gus reste accroché.

À force d'être accroché comme ça, il a un peu mal aux bras mais il ne le dit pas.

Soudain, Gus voit les copains
qui comptent les noisettes.
Ça a l'air très chouette.
Alors, sans même y penser,
Gus se décroche,
il s'assied à côté de Doud
et se met à compter :
une noisette, deux noisettes,
trois noisettes, quatre noisettes…

Quand la petite aiguille
est sur le quatre, soudain,
qui voilà ? Son papi, qui lui dit :
– On y va, mon p'tit gars ?
Gus répond : – Oh non,
tu arrives trop tôt !
Tu peux m'attendre
un moment ? Je dois encore
compter les glands !

1 2
3 4